BEI GRIN MACHT SICH IHR WISSEN BEZAHLT

AF130053

- Wir veröffentlichen Ihre Hausarbeit, Bachelor- und Masterarbeit

- Ihr eigenes eBook und Buch - weltweit in allen wichtigen Shops

- Verdienen Sie an jedem Verkauf

Jetzt bei www.GRIN.com hochladen und kostenlos publizieren

Bibliografische Information der Deutschen Nationalbibliothek:

Die Deutsche Bibliothek verzeichnet diese Publikation in der Deutschen National-
bibliografie; detaillierte bibliografische Daten sind im Internet über http://dnb.d-
nb.de/ abrufbar.

Dieses Werk sowie alle darin enthaltenen einzelnen Beiträge und Abbildungen
sind urheberrechtlich geschützt. Jede Verwertung, die nicht ausdrücklich vom
Urheberrechtsschutz zugelassen ist, bedarf der vorherigen Zustimmung des Verla-
ges. Das gilt insbesondere für Vervielfältigungen, Bearbeitungen, Übersetzungen,
Mikroverfilmungen, Auswertungen durch Datenbanken und für die Einspeicherung
und Verarbeitung in elektronische Systeme. Alle Rechte, auch die des auszugsweisen
Nachdrucks, der fotomechanischen Wiedergabe (einschließlich Mikrokopie) sowie
der Auswertung durch Datenbanken oder ähnliche Einrichtungen, vorbehalten.

Impressum:

Copyright © 2016 GRIN Verlag
Druck und Bindung: Books on Demand GmbH, Norderstedt Germany
ISBN: 9783668693067

Dieses Buch bei GRIN:

https://www.grin.com/document/420410

Rüdiger Tessmann

Persönlichkeitsentwicklung bei früher Störung der Mutterbindung nach der Theorie von Bowlby und in Zeugnissen der Literatur

GRIN Verlag

GRIN - Your knowledge has value

Der GRIN Verlag publiziert seit 1998 wissenschaftliche Arbeiten von Studenten, Hochschullehrern und anderen Akademikern als eBook und gedrucktes Buch. Die Verlagswebsite www.grin.com ist die ideale Plattform zur Veröffentlichung von Hausarbeiten, Abschlussarbeiten, wissenschaftlichen Aufsätzen, Dissertationen und Fachbüchern.

Besuchen Sie uns im Internet:

http://www.grin.com/

http://www.facebook.com/grincom

http://www.twitter.com/grin_com

Persönlichkeitsentwicklung bei

früher Störung der Mutterbindung

nach der Theorie von Bowlby und in Zeugnissen der Literatur

Dr.med. Rüdiger Tessmann

Arzt für Neurologie und Psychiatrie

Deutung von Werken Thomas Bernhards und Elfriede Jelineks unter Verwendung der Bindungstheorie von Bowlby

Der Antrieb zum Schreiben entsteht bei vielen Schriftstellern durch den eigenen Leidensdruck, der sich aus der Kindheits- und Jugendentwicklung ergeben hat.
Marcel Reich Reinicki gab einer Sammlung seiner Beurteilungen von Schriftstellern den Titel: „Lauter schwierige Patienten".
Die Werke von Thomas Mann sind von Buddenbrook bis zu Doktor Faustus nichts anderes als Autobiografien in verschiedenen Gewändern.
Im Niederschreiben der eigenen Problematik liefern Schriftsteller ein Thema mit Variationen, um den Druck in ihrem Innern zu erleichtern.
Bei der Psychotherapie neurotischer Leidenszustände wird vom Therapeuten oft empfohlen, die Gedanken aufzuschreiben, um das Chaos der Gefühle in geordnetes Denken zu verwandeln.

> **Elfriede Jelinek**: *Das Schreiben war mein Rettungsboot, aber befreit hat es mich nicht...Froh macht mich nichts. Nur manchmal gerate ich während des Schreibens in Zustände, in denen ich nicht ganz bei Bewusstsein bin.* (Interwiew)

> **Thomas Bernhard**: *Meine Überraschung war groß, plötzlich einem Menschen gegenüber zu stehen, der, ich möchte sagen, hemmungslos seine Krankengeschichte aus sich herausredet.* (Frost, Suhrkamp Tb 47, S.296)

Aus der Sicht der Psychiatrie kann nicht gesagt werden, dass alle seelischen Leidenszustände und Störungen auf das Trauma mütterlichen Liebesmangels zurück zu führen sind. Wir sind auch das Ergebnis des Erbgutes, das wir von Vater und Mutter mitbekommen haben.
Dennoch ist die frühe Phase der ersten zwei Jahre in der seelischen Entwicklung eines neugeborenen Kindes wichtig für seine spätere Lebensbewältigung.
Die kognitiven Fähigkeiten, wie Lesen, Schreiben und Rechnen erlernen wir ab dem sechsten Lebensjahr in der Schule. Unser Lehrer ist dabei der Schul-Lehrer.
Die seelischen Fähigkeiten des Vertrauens, des Geliebtwerdens, des Mutes zur Exploration der Umwelt lernen wir in der Frühphase nach der Geburt. Unsere Lehrerin ist dabei die Mutter, oder ein gleichwertiger Mutterersatz.
Das Kind erhält das Gefühl: „Ich werde geliebt, ich bin etwas wert".
Die Verfestigung des Gefühls der Sicherheit durch Verlässlichkeit der Mutterzuwendung nennt man auch „basales Sicherheitsgefühl" oder „Urvertrauen".

Die Wichtigkeit der frühen Mutterbindung als Basis für die spätere Lebensbewältigung ist eigentlich eine Selbstverständlichkeit. Erstaunlicherweise ist diese Erkenntnis in der modernen Verhaltensforschung erst durch das Beobachten von Tieren erhärtet worden. Begonnen hat es mit den Arbeiten von **Konrad Lorenz**, (1963) der systematisch beobachtete, wie frisch aus dem Ei geschlüpfte Gänse vom Bewegungsbild der eigenen Mutter eine Prägung, ein Imprinting, wie ein Paßwort erhalten, sodass sie immer dieser Mutter folgen, und bei Trennung von dieser Mutter ein Verhalten von ängstlichem Suchen und Piepsen zeigen.

Der amerikanische Verhaltensforscher **Harry Frederik Harlow** (1905 - 1981) beobachtete neugeborene Rhesusaffen im Verhältnis zu ihrer Mutter. Die Kleinen suchen die Nähe der wärmenden und beschützenden Mutter, indem sie sich an deren weiches Fell anschmiegen. Bei Trennung von der Mutter zeigen sie angstvolles Verhalten.

Harlow trennte neugeborene Rhesusäffchen von der Mutter und stellte ihnen als Ersatz eine Kunstfigur, einmal mit einem weichen Fell und einmal aus einem Metallgitter mit Saugflaschen zur Verfügung. Es war deutlich zu erkennen, dass die kleinen Äffchen die Kunstmutter mit dem weichen Fell vorzogen und in ihrer weiteren Entwicklung weniger verhaltensgestört waren, als die Äffchen mit der Ersatzmutter aus Metalldraht.
Harlow erkannte daraus, dass das Anschmiegen an das wärmende und Geborgenheit vermittelnde Fell der Surrogat-Mutter für die seelische Entwicklung der Kleinen mindestens ebenso wichtig war wie die Nahrung.

Harry Harlow wies auf diese Weise nach, dass soziale Bindungen für die emotionale Entwicklung der Primaten extrem wichtig sind. Der britische Psychoanalytiker und Psychiater **John Bowlby** hielt Harlow zugute, dass er die Bindungstheorie „gerettet" und alle Welt davon überzeugt habe, wie wichtig die Eltern-Kind-Beziehung sei.

Die Erkenntnisse von Harlow und Bowlby führten zu einer grundsätzlichen Änderung in Kliniken der Geburtshilfe, in denen bisher die Neugeborenen in Säuglingszimmern untergebracht, und nur zum Stillen der Mutter ins

Bett gelegt wurden. Das neue System erhielt den Namen „**Rooming In**".
Die Neugeborenen blieben bei der Mutter, um eine frühe emotionale
Bindung zwischen Mutter und Kind aufzubauen.

Kein tierliebender Mensch würde einer Katzenmutter die neugeborenen
Kätzchen wegnehmen, sie in getrennten Holzkästchen aufbewahren, um

sie nur zum Säugen zum
Muttertier zu geben. Die
Mutter-Katze würde Tag
und Nacht miauend im
Hause herumstreifen und
ihre Kleinen suchen.
Seltsamerweise hat man es
bei Menschen
jahrzehntelang so gemacht,
weil es dem Ablauf des
Klinikalltages mehr
entsprach.

Die Katzenmutter folgt den
Instinkten der Natur. Der
intelligente Mensch glaubte
es besser zu wissen als die
Natur.

Auf obigem Bild sehen wir zwei neugeborene von der Hasenmutter in Eis
und Schnee verlassene Häschen, die mit der Saugflasche aufgezogen
wurden, und die ihr Bedürfnis nach einem Mutterersatz am warmen Fell
eines englischen Setters befriedigen konnten, von dem sie auch freundlich
angenommen wurden.

Die Versuche von **Harlow** an kleinen Rhesusaffen haben gezeigt, dass die
Störung des emotionalen Verhaltens über die Zeit der Trennung von der
Mutter hinausgeht. Bei dem Bemühen der Kleinen um Nähe, um Saugen,
sich Festhalten oder dem Folgen der Bewegung der Mutter mit dem Blick
ist es wichtig, dass von der Mutter eine adäquate Antwort erfolgt, mit der
sie zeigt, dass die Signale des Kindes verstanden werden.

Im Falle der adäquaten Antwort der Mutter entwickelt sich das Kleine
rasch, es zeigt Sicherheit, ist neugierig in der Exploration der Umwelt, es
wagt, sich von der Mutter zu entfernen und zeigt eine rasch zunehmende
Autonomie, Unabhängigkeit und die Fähigkeit, zu Artgenossen Vertrauen
zu haben.

Bei Unterdrückung der Sicherheitsbedürfnisse des kleinen Rhesusaffen
durch Trennung von der Mutter geschieht das Gegenteil. Sie zeigen ein
zurückgezogenes Verhalten, klammern sich an die Geschwister an, und

bei völliger Isolierung kauern sie sich zusammen oder zeigen stereotype wackelnde Bewegungen des Kopfes, wie man es bei verhaltensgestörten Kleinkindern kennt.

Die Sicherheit in der Nähe der Mutter beinhaltet also auch die Fähigkeit, sich von ihr zu trennen, um die Umwelt zu erforschen.

Bei völliger Trennung von der Mutter ist die Verhaltensstörung der Rhesusaffen bis zur Sexualreife zu bemerken durch Unfähigkeit zur vertrauensvollen Partnersuche mit zärtlichem Körperkontakt, und zur Durchsetzung eigener Ansprüche gegenüber anderen.

John Bowlby

(Bindungstheorie Bowlby, Wikipedia)

Nach der Beobachtung von **Bowlby** an Kleinkindern verläuft die Entwicklung nach völliger

Trennung von der Mutter in drei Phasen.

1)**Protest**: Schreien und Weinen

2)**Verzweiflung**:Stummes, zurückgezogenes Verhalten

3)**Abtrennung**: Kontaktaufnahme zu Erwachsenen, aber gestörtes Verhalten.

Bowlby hat beschrieben, dass es verschiedene Störungen der frühen Mutterbindung gibt. Wir müssen uns vergegenwärtigen, dass eine adäquate Mutterbeziehung nicht nur in liebevoller Zuwendung besteht, sondern dass die Fähigkeit zur Trennung von der Mutter durch Vertrauen ebenso erlernt werden muss.

In den ersten Wochen ist das Neugeborene noch unfähig zu selbständigem Leben. Mutter und Kind sind noch eine biologische Einheit.

Die Abtrennung von der Mutter zum richtigen Zeitpunkt muss erlernt werden, damit sich das Kind zu einem eigenen Ich, zu einer eigenen Persönlichkeit entwickeln kann.

Ein Fehler der frühen Mutterbeziehung besteht also nicht nur in Trennung und Liebesentzug, sondern auch in dem Bestreben einer Mutter, die Selbständigkeit des Kindes zu verhindern.

Die Entwicklung einer Persönlichkeit lässt sich in folgender Weise darstellen:

Faktoren einer Persönlichkeitsentwicklung

Genetischer Erbanteil
Frühkindliche Erziehung
Selbsterziehung im Erwachsenenalter auf der Basis eigener Erfahrungen

Entwicklungsstufen

Kindheit:
Völlige Abhängigkeit des Neugeborenen von der Mutter
Zunehmende Trennungsfähigkeit zur Exploration der Umwelt ohne Angst
Vertrauen finden zu anderen Personen

Adoleszenz
Genitale Phase mit dem „Sturm der Hormone"
Fähigkeit zu Beziehung zu einem Partner ausserhalb der Familie

Erwachsenenalter
Fähigkeit, sich von den Eltern zu lösen und unabhängig Entscheidungen
zu treffen, sowie liebevolle Kontaktfindung zu einem Partner mit
befriedigender Sexualität

Normale und wünschenswerte psychoaffektive Entwicklung
(nach dem Modell von Bowlby)

Sichere Mutterbindung
In den frühen Phase befriedigende Mutter-Kind-Beziehung zum Aufbau
eines basalen Vertrauens mit
Fähigkeit zu anderen Personen Beziehung aufzunehmen.
Die Mutter war in der Frühphase verlässlich gegenwärtig, bot Schutz vor
Gefahr und bot Befriedigung der Bedürfnisse in einer Atmosphäre des
Geliebtwerdens mit zärtlichem Körperkontakt und freundlicher Stimme.

Psychoaffektive Fehlentwicklungen nach Bowlby

Unsichere Mutterbindung
Die Gegenwart der Mutter ist in Momenten des Unwohlseins, des Hungers oder der Angst des Verlassenseins nicht sicher. Die Exploration der Umwelt macht Angst. Fremden gegenüber verhält das Kind sich wie blockiert.
Gesichtsausdruck desorientiert, stereotype Bewegungen.

Vermeidende Mutterbindung
Die Alarmsignale des Kindes mit unglücklichem Gesichtsausdruck, Weinen und Schreien werden von der Mutter nicht adäquat beantwortet.
Das Kind entwickelt eine defensive Selbstgenügsamkeit, Narzismus.
Affektive Partnerbindung wird erschwert, weil sie in der Frühphase nicht erlebt wurde.

Symbiotische Mutterbindung
Die Mutter verhindert die Entwicklung der Autonomie des Kindes.
Das Kind lernt, dass es nur durch völligen Gehorsam, durch totale Unterordnung die Angst vor Verlust der Mutterliebe vermeiden kann.
Brav und gehorsam sein ist der einzige Weg, den drohenden Liebesentzug der Mutter zu vermeiden.

An den **Lebensläufen von zwei prominenten Schriftstellern**, deren Kindheit extrem traumatisch war, soll nun gezeigt werden, wie die Denkmodelle von Bowlby geeignet sind, die verheerenden Auswirkungen der gestörten Mutterbeziehung auf die psychoaffektive, emotionale Persönlichkeitsentwicklung des Kindes zu verstehen.
Dadurch wird auch das Begreifen der schriftstellerischen Produktion der beiden Autoren ermöglicht.
Es sollte nicht der Eindruck erweckt werden, dass die Mutter an der emotionalen Fehlentwicklung allein die Schuld trägt. Auch sie ist das Produkt ihres genetischen Erbes und ihrer elterlichen Erziehung. Dazu

8

kommen die zeitbedingten sozialen Verhältnisse, die in die Jugendentwicklung des Kindes hineinwirken. In den beiden hier geschilderten Lebensentwicklungen **Thomas Bernhard** und **Elfriede Jelinek** ist die gestörte Mutterbeziehung jedoch so eklatant, dass sie bei der Betrachtung des schriftstellerischen Werkes der beiden nicht außer Acht gelassen werden kann.

Thomas Bernhard
Seine Jugendentwicklung

Der Lebenslauf wurde mit Kürzungen übernommen aus dem Buch „Lichtjahre" von Volker Weidermann (Kiepenheuer & Witsch, 2006, S.162)

Am Anfang war das Alleinsein. „Meine Mutter hat mich weggegeben", so beginnt eine Lebenserinnerung von Thomas Bernhard (1931 - 1989). Es war im Sommer 1930. Herta Bernhard hatte im salzburgischen Henndorf als Hausgehilfin gearbeitet. Ihr Vater, der erfolglose Landschriftsteller Johannes Freumbichler, hatte immer gewünscht, dass sie Balletttänzerin wird, aber seine Geldnot verhinderte diesen Plan, und Herta Bernhard musste ihrerseits die Eltern unterstützen.
Dort, in Henndorf, passiert das Unglück. Sie ist schwanger, und der werdende Vater, der Tischlergeselle Alois Zuckerstätter, will von einem Kind oder von einer Heirat nichts wissen.
Herta Bernhard sucht in Holland Arbeit, um sich und den Eltern die Schande einer unehelichen Geburt zu ersparen. Sie arbeitet als Küchenmädchen, später in einer Hebammenschule, wo sie auch als Lehrobjekt für die Schülerinnen herhalten muss.
Am 9.Februar 1931 kommt Thomas Bernhard zur Welt. Kurz nach der Geburt erreicht sie ein Brief Zuckerstätters, aus dem hervorgeht, dass mit einer Unterstützung nicht zu rechnen ist.
Erst als Thomas Bernhard 8 Jahre alt ist, wird Zuckerstätter in einem Vaterschaftsprozess zur Anerkennungseines Sohnes gezwungen. Ein Jahr später bringt er sich um. Eine Fotografie aus dieser Zeit zeigt einen Mann, der von späteren Fotos Thomas Bernhards kaum zu unterscheiden ist. Als Bernhard das bemerkt, ist er, so schreibt er später, zutiefst erschrocken.
Nach drei gemeinsamen Monaten in einer Entbindungsanstalt, die ledige Mütter aufnahm, muss Herta Bernhard wieder arbeiten. Von morgens um sechs bis abends um zehn. Den Sohn muss sie weggeben, zunächst zu Bekannten, dann in eine Kinderbewahranstalt mit barbarischen Besuchsregeln. Alle zwei Wochen darf nur die Mutter zu Besuch kommen. Besuchszeit zwanzig Minuten. Das Kind darf dabei nicht aus dem Bett

genommen werden. In einem Brief an ihren Vater bemerkt Herta Bernhard, ihr Sohn starre sie bei ihrem Besuch immer fremd und vorwurfsvoll an.
(....)
Bald geht es zurück nach Österreich. Thomas wächst bei seinen Grosseltern auf, zunächst in Wien, und als es dort zu teuer wird, auf dem Land, im salzburgischen Seekirchen.
Später kommt Bernhard in ein Heim für schwer erziehbare Kinder, wo er dem nationalsozialistischen Erziehungsinferno schutzlos ausgesetzt ist und sich schon früh mit Selbstmordgedanken trägt.
Die kurzen Aufenthalte zwischendurch bei den Grosseltern sind wie Ausflüge ins Paradies. Obwohl es auch hier nicht einfach war. Die Grosseltern sind arm, in ihrer Wohnung gibt es kein Mobiliar, nur Zuckerkisten stehen herum und das Leben der ganzen Familie ist beherrscht von den Kunstanstrengungen des Grossvaters. Er schreibt mit ungeheurer Konsequenz und Ausdauer, ohne auch nur einen Funken an Resonanz für sein Werk in der Welt zu finden. (...)
Der Grossvater ist ein Tyrann. Oft droht er mit Selbstmord und schliesst sich in seinem Zimmer ein. Die Familie wartet stundenlang auf den Schuss.
Auf langen Spaziergängen erzählt er seinem Enkel, von dessen frühem Selbstmordversuch er emotionslos in seinem Tagebuch berichtet, immer wieder von seinen Plänen und der unbedingten Notwendigkeit der Kunst und des Schreibens.
(... 1949 erkrankt der Grossvater an einer Lungenentzündung.
Thomas besucht den Sterbenden im Krankenhaus und wird auch lungenkrank)
Der Grossvater stirbt und Thomas lebt. Zwar wird er noch lange Zeit krank und geschwächt in Sanatorien verbringen, aber jetzt empfindet er den Tod des Grossvaters sogar als Befreiung, als Ende seiner „ersten Existenz". Ins eigene Künstlertum hinein. Vom Grossvater erbt er die Schreibmaschine und die Wandertasche...(Anderthalb Jahre nach dem Grossvater stirbt die Mutter, Herta Bernhard an Krebs.)Und Thomas Bernhard lebt. Sein Werk beginnt.

Zunächst schreibt er Gedichte.(....) In einem Gedicht heisst es:

Warum muss ich die Hölle sehen?
Gibt es keinen anderen Weg zu Gott?

An seiner Lungenkrankheit, einer Sarkoidose, hat Thomas Bernhard lebenslang gelitten. Zeitweilig hatte er eine wesentlich ältere Freundin als geistige Gefährtin. Ein intimes Zusammenleben mit einer Frau hat er wahrscheinlich nie kennengelernt.

Thomas Bernhard
Sein Werk(in kurzen Auszügen)

1963 erscheint sein erster Roman „**Frost**", der von Presse und Leserschaft begeistert angenommen wird.
Seine Spaziergänge mit dem Grossvater kleidet er darin in eine sehr ähnliche Rahmengeschichte. Er ist darin ein Student, der den Auftrag erhält, einen einsam im Wald lebenden Maler zu besuchen und dessen Charakter zu erkunden.
Die Kapitel des Romans teilen sich auf in die Nummerierung der Tage, die er mit dem Maler verbringt, bis dieser zum Schluss bei Kälte und Schnee im Gebirge verschollen ist, und die Suche nach ihm wegen der Dunkelheit und des Schneetreibens aufgegeben werden muss.
Die Äusserungen des Malers sind lange Monologe der Verzweiflung eines Einsamen. Die Sprache des Malers ist charakterisiert durch die typischen bernhardschen Satzfolgen mit stakatohaft wiederholenden Ausdrücken der Verzweiflung.

Am **fünften Tag** sagt der Maler: (Suhrkamp, Taschenbuch, Seite 28)
> *„Meine Familie, die Eltern, alles, die ganze Welt, an der ich mich hätte anhalten können und an der ich mich immer anzuhalten versucht habe, hat sich für mich schon früh in Dunkelheit aufgelöst, war einfach über Nacht in Dunkelheit hinein verschwunden, hatte sich meinem Blick entzogen, oder ich hatte mich von ihr entfernt, in Dunkelheit verzogen. Ich weiß es nicht genau. Jedenfalls war ich früh allein gelassen, vielleicht schon immer allein gewesen. Das Alleinsein beschäftigt mich, soweit ich zurückdenken kann. Auch der Begriff des Alleinseins. Des Eingeschlossenseins in sich selbst. (....)*
> *Die Menschen, glaube ich, tun nur so, als wären sie nicht allein (....)*
> *Ja, sehen Sie! Er sagte: Die Menschen, die einen neuen Menschen machen, nehmen doch eine ungeheure Verantwortung auf sich. Alles unerfüllbar. Hoffnungslos. Das ist ein grosses Verbrechen, einen Menschen zu machen, von dem man weiß, daß er unglücklich sein wird(...)*

Thomas Bernhard hat sich ein alleinstehendes Bauernhaus, den „Vierkanthof" gekauft, um in Einsamkeit zu arbeiten. Dies beschreibt er in dem Roman mit dem Titel „JA".
In dieser Einsamkeit besucht ihn eine „Perserin", (*vermutlich ein Abbild von Ingeborg Bachmann*) die ihm von Selbstmordabsichten berichtet und Schlaftabletten nimmt.
Über sein Abgeschiedensein schreibt er:(„Ja", Suhrkamp 2006, S.18)

Ich hatte schon sehr früh die Katastrophe vorausgesehen, sie aber nicht verhindern können, und sie war tatsächlich schon sehr viel früher eingetreten gewesen, als sie von mir als solche erkannt worden war. Einerseits die Notwendigkeit, sich abzuschliessen seiner wissenschaftlichen Arbeit zuliebe, die allererste Notwendigkeit aller Geistesmenschen, andererseits ist aber auch die Gefahr die grösste, daß dieses Abschliessen in einer viel zu radikalen Weise geschieht, die letztenendes sich nicht mehr fördernd, wie beabsichtigt, sondern hemmend, ja sogar vernichtend auf diese Geistesarbeit auswirkt.(....) Die Einsicht kommt aber, wie ich in meinem eigenen Kopfe auf schmerzhafteste Weise habe erkennen müssen, immer zu spät und zurückbleibt, wenn überhaupt, nur die Hoffnungslosigkeit , nämlich die direkte Einsicht auf die Tatsache, daß dieser nun einmal eingetretene verheerende und also geistes- und gefühls- und letztenendes auch körperverheerende Zustand nicht mehr und zwar durch nichts mehr zu ändern ist. In Wahrheit habe ich(...) in meinem Haus in einem apathischen Zustand existieren müssen, in welchem die längste Zeit nurmehr nur noch die Selbstbeobachtung möglich und an eine Arbeit... überhaupt nicht zu denken gewesen ist, Monate lang, zugegeben ich nur in die fürchterlichste Selbstbeobachtung aufgewacht bin, um mich in dieser fürchterlichen Selbstbeobachtung völlig zu erschöpfen...

Meine Existenz ist eine krankhafte, kranke und meine Arbeit eine zwecklose, gescheiterte. Aber ich habe nicht den Mut, mit diesen und mit ähnlichen Gedanken und also mit mir selbst Schluß zu machen. Dieser Mut hat mir immer gefehlt. Das ganze Leben lang habe ich immer an Selbstmord gedacht, aber den Selbstmord niemals vollziehen können.

Der Schluss des Romans bezieht sich auf ein Gespräch mit der Perserin.

...daß ich sie, die Perserin, ganz unvermittelt und auf meine rücksichtslose Art gefragt hatte, ob sie selbst sich eines Tages umbringen werde. Darauf hatte sie nur gelacht und „JA" gesagt.(„Ja" suhrkamp, S.141)

Elfriede Jelinek
Kindheits-und Jugendentwicklung

Aus „Lichtjahre", Volker Weidermann, Kiepenheuer & Witsch 2006, S.160

Das Drama ihrer Kindheit. Wieder und wieder hat sie es erzählt.das späte, späte Kind, das sie war Der Vater 48, die Mutter 43, als sie geboren wurde. Als einziges Kind. Der Vater überlebte als Jude und Sozialist die Nazizeit mit kriegswichtiger Arbeit und gefälschtem Ariernachweis. Nach dem Krieg zwang er seine Tochter, sich mit ihm immer wieder Filme mit den Leichenbergen in den Konzentrationslagern anzusehen. Bald schon wurde er krank und verlor den Verstand. Elfriede Jelinek sagt, sie habe ihm das nie verziehen. Das verzeihe man einem Vater nicht. Und sie gibt sich die Schuld an seinem Tod.

Und dann die Mutter. Katholikin aus gutbürgerlichem Hause. Entschlossen, das Kind zu Karriere, Kunst und grossem Erfolg zu erziehen. Jelineks Werk ist voll von Hass- und Mordfantasien gegen die Mutter.

*Vor allem in der „**Klavierspielerin**" (1983), dem Roman der verhinderten Pianistin Erika Kohut, die unter dem Erziehungsterror der Mutter zerbricht. Auch in Interviews hat Elfriede Jelinek offen ihren Hass auf ihre Mutter eingestanden. „Also, ich bin sicher von der Mutter zerstört", sagt sie im Gespräch mit Andre` Müller. Und als er sie fragt, wo sie lebe, die verhasste Mutter, deutet sie nach oben und sagt:"Hier, in diesem Haus, über mir. Gott ist oben. So gehört sich das auch".*

Später, als die Mutter krank und schwach war, hat sie sie gepflegt, jeden Tag, bis zu ihrem Tod. Da war sie 97.Elfriede Jelinek ist nicht gern auf dieser Welt. Sie mag die Menschen nicht. „Ich kann nur aus negativen Emotionen heraus kreativ sein. Wäre ich mir sympathisch, fände ich das zwar angenehm, aber ich würde nicht schreiben...'Jellineks Kunst ist der Welt abgerungen. Der Männerwelt. Der Welt des fortbestehenden Faschismus. Das sind die beiden Themen in Jelineks Werk.(....)Niemand spricht so offen über Verletzlichkeit und das Leiden am Leben wie Elfriede Jelinek.(...) Es ist Andre`Müller, der zu ihr sagt, das grausamste Bild, das sie in ihrer Kunst erfunden habe, um den Selbsthass zu beschreiben, sei eine dramatische Selbstverletzung.„Das habe ich nicht erfunden", gibt sie sogleich zu. Darauf Müller konsterniert: „Die Frau im Buch zerschneidet sich mit einer Rasierklinge die Scheide." Und Jelinek: „Das habe ich wirklich getan."Und so sitzt sie in ihrem Haus in Wien, gut zwanzig Minuten von der Innenstadt entfernt, auf ihrem Sofa mit Stahlgestell, wenn man sie besucht. Sie thront mit Jellinekfrisur und leuchtend rotem Lippenstift. Auf dem Sofa sitzt auch noch ein Teddybär. Und ein rosa Kissen. Da ist „Elfi" draufgestickt

Elfriede Jelinek
Ihr Werk (In kurzen Auszügen)

Die Klavierspielerin

Gleich auf der ersten Seite des Romans, erfahren wir, dass die fast vierzigjährige Klavierlehrerin sich von der Mutter, mit der sie die Wohnung teilt, behandeln lässt, wie ein kleines ungezogenes Kind. Es fehlt ihr völlig die Kraft und das Selbstbewusstsein, sich als erwachsene, berufstätige Person gegen die tyrannische, alte Frau durchzusetzen.

Für Menschen, die das häufige Problem der Dominanz einer Mutter gegenüber der erwachsenen Tochter aus der Psychotherapie nicht kennen, ist das Verhalten der Erika Kohut völlig unverständlich.

Dies Verhalten ist durch therapeutischen Zuspruch auch nicht so schnell korrigierbar, da es sich um das Ergebnis einer tiefgreifenden Persönlichkeitsstörung handelt.

Die Klavierlehrerin Erika Kohut stürzt wie ein Wirbelsturm in die Wohnung, die sie mit ihrer Mutter teilt (....) Einem Schwarm herbstlicher Blätter gleich, schiesst sie durch die Wohnungstür und bemüht sich, in ihr Zimmer zu gelangen, ohne gesehen zu werden.

Doch da steht steht schon die Mama groß davor und stellt Erika.

Zur Rede und an die Wand, Inquisitor und Erschiessungskommando in einer Person, in Staat und Familie einstimmig als Mutter anerkannt.

Die Mutter forscht, warum Erika erst jetzt, so spät, nach Hause finde?

Der letzte Schüler ist bereits vor drei Stunden heimgegangen, von Erika mit Hohn überhäuft. Du glaubst wohl, ich erfahre nicht, wo du gewesen bist, Erika. Ein Kind steht seiner Mutter unaufgefordert Antwort, die ihm jedoch nicht geglaubt wird, weil das Kind gern lügt. Die Mutter wartet noch, aber nur so lange, bis sie eins, zwei, drei gezählt hat.

Schon bei zwei meldet sich die Tochter mit einer von der Wahrheit stark abweichenden Antwort. Die notenerfüllte Aktentasche wird ihr nun entrissen, und gleich schaut der Mutter die bittere Antwort auf alle Fragen daraus entgegen. Vier Bände Beethovensonaten teilen sich indigniert den kargen Raum mit einem neuen Kleid, dem man ansieht, daß es eben erst gekauft ist. Die Mutter wütet sogleich gegen das Gewand. Im Geschäft, vorhin noch, hat das Kleid, durchbohrt von seinem Haken, so verlockend ausgesehen, bunt und geschmeidig, jetzt liegt es als schlaffer Lappen da und wird von den Blicken der Mutter durchbohrt. Das Kleidergeld war für die Sparkasse bestimmt! Jetzt ist es vorzeitig verbraucht. (rororo 37.Auflage 2005, Seite 7)

Die Mutter lebt mit der erwachsenen Tochter in einer symbiotischen Zweiergemeinschaft, in die eine dritte Person nicht eindringen kann. So ist eine Partnerfindung für Erika auch niemals möglich.(suhrkamp, S.17)

Kaum ist dieser Familie ein neuer Verwandter erwachsen, wird er auch schon ausgestoßen und abgelehnt. Der Verkehr mit ihm wird abgebrochen, so bald er sich, wie erwartet, als unbrauchbar und untauglich erwiesen hat. Die Mutter klopft die Mitglieder der Familie mit einem Hämmerchen ab und sondert sie einen nach dem anderen aus. Sie sortiert und lehnt ab. Sie prüft und verwirft. Es können auf diese Weise keine Parasiten entstehen, die dauernd etwas haben möchten, das man behalten will. Wir bleiben ganz unter uns, nicht wahr? Erika, wir brauchen niemanden.
Die Zeit vergeht, und wir vergehen in ihr. Unter einer gläsernen Käseglocke sind sie miteinander eingeschlossen, Erika, ihre feinen Schutzhüllen, ihr Mama. Die Glocke lässt sich nur heben, wenn jemand von aussen den Glasknopf oben ergreift und ihn in die Höhe zieht. Erika ist eine Insekt in Bernstein, zeitlos, alterslos.

Erika Kohut ist aufgrund ihrer symbiotischen Mutterbindung unfähig, ihre sexuellen Triebe mit einem realen männlichen Partner auszuleben und zu befriedigen. Schon die Annäherung eines Mannes mit sexuellen Absichten löst bei ihr Ängste aus, die jeder zärtlichen Berührung entgegenwirken.
Ein Klavierschüler, mit dem sie vierhändig spielt, kommt ihr näher, und sie ahnt seine damit verbundenen Absichten.

Und dieser Schüler rückt ihr immer näher. Kann er nicht Abstand halten? Es ist peinlich, einen jugendlichen dampfenden, warmen Körper neben sich zu fühlen. Dieser junge Mann scheint so schrecklich intakt und unbeschwert, daß Erika in Panik gerät. Er wird ihr doch seine Gesundheit nicht etwa aufbürden wollen? Die Zweisamkeit zu Hause scheint bedroht, an der niemand Anteil haben darf. Wer als die Mutter könnte Ruhe, Ordnung und Sicherheit in den eigenen vier Wänden besser gewährleisten? Mit allen Fasern zieht es Erika zu ihrem weichen Fernsehsessel, und die Tür fest zugesperrt. Sie hat ihren Stammstuhl, die Mutter hat den ihren. (…)
Der Haussegen neigt sich schräg, weil dieser Klemmer (der Schüler) sich nicht wegräumt. Er wird doch nicht in ihre Behausung eindringen wollen? Erika will in ihre Mutter am liebsten wieder hineinkriechen, sanft in warmen Leibwasser schaukeln. Außen so warm und feucht wie leibinnerlich. Sie versteift sich vor der Mutter, wenn Klemmer zu dicht an sie heranfährt. (Suhrkamp s.o. S.77-78)

Erika lebt ihren Sexualtrieb aus, indem sie an dunklen Abenden im Park Liebespaare beobachtet. Im Gebüsch kauernd beobachtet sie jetzt einen Türken, der es mit einer Prostituierten treibt. (Suhrkamp,s.o. Seite 143)

Das selbe Gebüsch, das dem flüchtigen Liebespaar Unterkunft gewährt, tarnt auch Erika zur Genüge. Der Türke, oder türkenähnliche Ausländer scheint sich über das zu freuen, was er macht. Die Frau, so hört man, freut sich auch. Die Frau weist den Mann ein, wo er hin soll (....) *Erika hat es in ihrer eigenen Hand, wo sie dabei sein möchte, und wo nicht. Sie will nicht teilnehmen, aber es soll auch nicht ohne sie stattfinden. Bei der Musik ist sie einmal als Ausführende dabei, dann wieder als Zuschauerin und Zuhörerin.*

In der Psychotherapie schwerer Persönlichkeitsstörungen ist ein Phänomen bekannt, dass für den Nichtbetroffenen schwer zu begreifen, oder sogar nachzufühlen ist. Bei jungen Mädchen findet man es häufiger, als bei Männern. Es handelt sich um die immer wiederkehrende Neigung zu Selbstverletzungen durch Schneiden mit einer Rasierklinge in die eigenen Arme. Der Psychiater sieht nicht selten junge Mädchen mit vielfachen Schnittnarben an den Unterarmen, oder auch an den Beinen, die sie sich selbst beigebracht haben. Manche Patientinnen erklären dies damit, daß sie „etwas fühlen, bzw. sich selbst fühlen wollen". Seltener kommt es auch zu selbstbeigebrachten Schnittverletzungen im Genitalbereich. In ihrem Buch „Die Klavierspielerin" schildert Elfriede Jelinek diesen Vorgang sehr drastisch:(Suhrkamp,s.o. Seite 90 ff.)

Die Klinge ist für ihr Fleisch bestimmt. Diese dünne, elegante Plättchen aus bläulichem Stahl, biegsam und elastisch. SIE setzt sich mit gespreizten Beinen vor die Vergrösserungsseite des Rasierspiegels und vollzieht einen Schnitt, der die Öffnung vergrössern soll, die als Tür in ihren Leib hineinführt. Erfahrung hat sie mittlerweile schon darin, daß so ein Schnitt mittels Klinge nicht schmerzt, denn ihre Arme, Hände und Beine mussten oft als Versuchsobjekte herhalten. Ihr Hobby ist das Schneiden am eigenen Körper. (....)
Sie sieht ja nicht vor lauter Blut, was sie da eigentlich aufgeschnitten hat. Es war ihr eigener Körper, doch er ist ihr fürchterlich fremd.
Sie muss erst einmal die Blutung zum Stillstand bringen und bekommt dabei Angst.
Der Unterleib und die Angst sind ihr zwei befreundete Verbündete, sie treten fast immer gemeinsam auf. .....

„*Der Unterleib und die Angst sind ihr zwei befreundete Verbündete*"; deutlicher kann man es nicht zum Ausdruck bringen, wie hier eine tiefgreifende Hemmung vorliegt, die jeder normalen lustbetonten, sexuellen Vereinigung mit einem Partner entgegensteht.

Wenn lusterzeugende Vorgänge am Unterleib reflexartig Angst auslösen, dann werden einige therapeutische Gespräche nicht ausreichen, um diese tiefgreifende Persönlchkeitsstörung zu beheben. Dass Erika sexuelle Reize kennt, sehen wir ja in ihrer Begierde, sexuelle Praktiken Anderer heimlich zu beobachten.

Die Sexualität bleibt bei ihr jedoch auf die Phantasie in ihrem Kopf bezogen und hat mit liebevoller partnerschaftlicher Zuneigung zu einem anderen Menschen nichts zu tun.

Die symbiotische Zweierbeziehung mit der dominanten Mutter kann also nicht durch einen realen männlichen Partner in Gefahr geraten.

Zusammenfassende Beurteilung

Die beiden genannten Autoren, Thomas Bernhard und Elfriede Jelinek sind in der Literatur durch ehrenvolle Prämierungen zu hohem Ansehen gekommen. Ihre Schriften sind aus psychiatrischer Sicht teilweise Krankengeschichten einer gequälten, desorientierten Seele. Sie könnten in Lehrbüchern der Psychotherapie als Beispiele genannt werden, um die seltsamen Abwege des Verhaltens von neurotisch gestörten Menschen verstehbar zu machen.

Thomas Bernhard und Elfriede Jelinek haben ihre Preise und lobenden Kritiken jedoch nicht dafür erhalten, dass sie ihre Beschwerden schildern, sondern sie wurden von der Literaturkritik geehrt dafür, in welcher Sprache sie seelisches Leid zum Ausdruck gebracht haben.

Obwohl sie zugegebener Weise viel autobiographisches Erleben in ihr Werk eingebracht haben, ist es erstaunlich, aus welcher Distanz sie das eigene Fehlverhalten erkennen.

Elfriede Jelinek beschreibt ihre sklavische Untertänigkeit der Mutter gegenüber, sowie ihre Gefangenschaft in der Zweierbeziehung mit der dominanten Mutter, und auch ihr abstruses, oft beschämendes Sexualverhalten wie aus kritischer Distanz. Dennoch kann sie selbst sich nicht daraus lösen, weil sie in dieser Hinsicht eine frühe Prägung, eine Konditionierung erhalten hat.

Thomas Bernhard überträgt seine isolierte Lebensweise und Einsamkeit auf seine Romanfiguren. Beim Schreiben über das krankhafte Verhalten seiner Kunstfiguren zeigt er das Erkennen des abstrusen Fehlverhaltens. Diese Erkenntnis führt jedoch nicht dazu, dass er selbst zu einem geselligen, liebesfähigen Menschen wird.

Dieses Phänomen entspricht der psychiatrischen **Definition neurotischen Verhaltens**: Der Neurotiker erkennt (im Unterschied zum Psychosekranken) das Unsinnige, Zwanghafte seines Verhaltens, kann sich aber aus eigener Kraft nicht daraus lösen.
Elfriede Jelinek hat es gesagt, das Schreiben half ihr zum Überleben, aber es hat sie nicht geheilt.
Beide Autoren haben in früher Kindheit bezüglich einer gestörten Mutterbindung Extremes erlebt, was sich in ihrer Erinnerung unauslöschlich verfestigt hat.
Dennoch muss wiederholt werden, dass das Verhalten der Mutter in der Frühphase des Kindes nicht der einzige Faktor für die Fehlentwicklung einer Persönlichkeit ist.

Die Eltern der Elfriede Jelinek sind abnorme Persönlichkeiten gewesen. Der Vater wurde geisteskrank. Die Mutter war abnorm in ihrem egoistischen Bemühen, die erwachsene Tochter lebenslang als Sklavin an sich zu binden.

Bei Thomas Bernhard muss in der Familienanamnese hervorgehoben werden, dass der Vater sich umgebracht hat und der Grossvater mütterlicherseits ein abnormer Eigenbrötler war, der oft mit Selbstmord drohte. Thomas musste sehr deutlich erleben, dass er ein völlig ungewolltes, unerwünschtes Kind gewesen ist. Dass der kleine Thomas von diesem Grossvater das erste Mal Liebe erlebt hat, trug sehr zu seiner Persönlichkeitsprägung bei.

Die **Theorie von Bowlby** über die fehlgeschlagene Mutterbindung ist in der wissenschaftlichen Psychiatrie nicht die einzige theoretische Grundlage, die zur Erklärung von abnormer Persönlichkeitsentwicklung herangezogen wird.
Dennoch haben wir dieser Erkenntnis sehr viel zu verdanken.
Es ist grausig, welch barbarische Erziehungsmethoden mit Prügeln, Wegsperren, mit Demütigung und mit Weggeben des Kindes in fremde Umgebung noch vor nicht allzu langer Zeit toleriert wurden.
Nicht nur das „**Rooming In**" in Geburtshilfekliniken ist eine neue Errungenschaft. (s.Wikipedia)
In den letzten zehn Jahren wurde die **Kindertagesstätte** heftig diskutiert, in die Kinder schon ab dem zweiten Lebensjahr gegeben werden, um der Mutter die Fortführung der Berufstätigkeit zu ermöglichen.

Eine Partei beschrieb es als sehr förderlich für die Kindesentwicklung, schon früh in eine Gemeinschaft zu kommen, um das Sozialverhalten unter Kindern zu erlernen. Die andere Partei warnte vor schwersten Persönlichkeitsstörungen , wenn das Kind zu früh der mütterlichen Obhut entrissen wird.

Beide können Recht haben.

Nach den Erkenntnissen von **Bowlby,** sowie auch der Tierbeobachtungen von **Harlow** kommt es nicht nur darauf an, das kleine Kind mit dauernder **mütterlicher Liebe** zu überhäufen, sondern auch das vertrauensvolle **Trennen von der Mutter** muss gelernt werden.

Die Schrecken einer symbiotischen Mutterbindung als lebenslanger Zwang haben wir an der Klavierspielerin von Elfriede Jelinek gesehen.

Am Beispiel von Thomas Bernhard sahen wir, dass das Weggeben in den ersten Wochen nach der Geburt in eine Aufbewahranstalt ohne Liebeszuwendung ein infernalisches Trauma für das Kind war. In der Beschreibung der Mutter, die bei ihrem Sohn einen leeren, abgewandten Blick beobachtete, erkennen wir, dass hier die Trennungsphase des Protestes mit Weinen und Schreien schon überschritten ist. Das Aufgeben von Protest mit nun einsetzender stereotyper Haltung und leerem Blick ist nicht ein Zeichen von Bravheit, sondern es ist der Ausdruck von prägendem Leid des Nicht-Geliebtwerdens.

Moderne Kindertagesstätten sind nicht vergleichbar mit dem Inferno, dem Thomas Bernhard ausgesetzt war. Liebevolle Kontaktaufnahme mit körperlichem Kontakt, mit Streicheln und tröstendem Zuspruch sollten nicht fehlen. Dadurch wächst der Mut zur Exploration der Umwelt mit fröhlicher Bereitschaft, an den Spielen der Kindergruppe teilzuhaben und die eigene Position in der Gruppe durchzusetzen.
Zur Festigung des basalen Vertrauens gehört auch die Sicherheit des Kindes, dass die Mutter zu gewohnter Zeit kommen wird, um ihren kleinen Schatz wieder nach Hause zu holen.

Literatur

Bernhard Th., Frost, Suhrkamp Taschenbuch 47, 1972

Bernhard, Th. JA, Suhrkamp, 2006

Blum Deborah, Die Entdeckung der Mutterliebe, Belz 2010
        Die Affenversuche von Harry Frederik Harlow

Bowlby J. u. Holmes,J. Bindungstheorie von Bowlby, amazon.de 2002

Jelinek, E. Die Klavierspielerin, rororo, 2005

Lorenz, K.: Über tierisches und menschliches Verhalten, Piper 1988

Weidermann, Volker, Lichtjahre, Kiepenheuer & Witsch 2006

Abbildungen

Seite 3: Rhesusaffen, Bandar macaque o.J.
        Deutsche Schule New Delhi
        Google aufger. 23.04.2018

Seite 4: Englischer Setter mit jungen Hasen
        Eigene Abbildung

BEI GRIN MACHT SICH IHR WISSEN BEZAHLT

- Wir veröffentlichen Ihre Hausarbeit,
  Bachelor- und Masterarbeit

- Ihr eigenes eBook und Buch -
  weltweit in allen wichtigen Shops

- Verdienen Sie an jedem Verkauf

Jetzt bei www.GRIN.com hochladen und kostenlos publizieren